BERTRAND DU GUESCLIN

CONNÉTABLE DE FRANCE

ET

SON ÉPOQUE

PAR

CHARLES BUET

PARIS
TH. OLMER, ÉDITEUR
16, RUE DES SAINTS-PÈRES, 16

BERTRAND DU GUESCLIN

BERTRAND DU GUESCLIN

Charles V est le premier des rois de France qui ait été exclusivement un prince politique, un chef d'Etat, sans jamais commander les armées ; il ne parut sur les champs de bataille qu'à Poitiers, comme dauphin. Il fut surnommé le Sage, ce qui veut dire l'habile et le savant : il ne laissa rien au hasard, calcula toutes les chances, fut prudent et patient. La plus remarquable de ses qualités fut de connaître les hommes, d'en apprécier la valeur et de savoir s'en servir. Il accomplit de grandes choses sans éclat, du fond de son palais où il vivait retiré, mais fort occupé de ses affaires, loin de tout favori, de toute influence féminine.

« Le roi Charles de France, dit Froissart en son naïf langage, fut durement sage et subtil, car tout coi était en ses chambres et en déduits : si pourtant reconquerait ce que ses prédécesseurs avoient perdu sur le champ, la tête armée et l'épée au poing. »

Suivant la belle expression de Chateaubriand,

Charles V voulut confier le sort de son royaume, non à l'impétuosité, mais à la patience du courage français, et son règne fut un règne de réparation et de recomposition de la monarchie française. Il mérite donc d'attirer l'attention de l'historien.

Le dauphin Charles, fils du roi Jean II, parvint au trône à l'âge de vingt-sept ans, le 8 avril 1394, jour où son père mourut à Londres, où il était retourné, quand un de ses fils, donné comme otage, s'était évadé. Charles V n'était alors aimé ni des nobles, ni des bourgeois, ni des paysans; le royaume venait de soutenir des guerres longues, dévastatrices, et avait vu son chef prisonnier de l'ennemi. L'Anglais était encore dans le royaume et en occupait plusieurs provinces importantes; le roi de Navarre, Charles le Mauvais, continuait ses rébellions; les finances étaient ruinées; les défaites de Crécy et de Poitiers, le funeste traité de Brétigny avaient compromis l'honneur militaire de la France et son prestige à l'étranger.

Charles V parvint à guérir tous ces maux, par un travail énergique et continu; il sut dissiper toutes les préventions et les haines des partis, qu'il força de l'assister dans l'accomplissement de sa mission. Il eut d'ailleurs le talent de choisir ses coopérateurs, et le plus célèbre de tous fut Bertrand du Guesclin, simple gentilhomme breton sans fortune, et qui devint le personnage le plus considérable du royaume, ce qui prouve une fois de plus la fausseté de cette assertion, que les grandes charges, sous l'ancienne monarchie, n'appartenaient qu'aux grands seigneurs.

Bertrand du Guesclin est surtout réputé pour sa vaillance et sa science de l'art de la guerre. Mais les nouveaux documents, qui éclairent chaque jour l'histoire, prouvent qu'il fit la guerre avec science et calcul, pour atteindre un but, et pour accomplir une grande pensée politique et nationale.

Bertrand du Guesclin naquit dans un petit village, près de Rennes, entre 1314 et 1320. Il fut l'aîné des dix enfants de son père Regnauld du Guesclin, sire de la Motte de Broons. Il eut une enfance turbulente. Toujours battant ou battu, se plaisant avec de mauvais compagnons, il débuta en gagnant en deux ou trois occasions le prix du tournoi. Cela lui permit de s'équiper, et il entra au service de Charles de Blois qui luttait, pour la possession du duché de Bretagne, contre la maison de Montfort et les Anglais. Charles de Blois lui donna la seigneurie de la Roche-Derrien, pour récompenser ses exploits. En 1359, au siége de Melun, il s'attacha à Charles V, alors duc de Normandie, qui lui donna la vicomté de Pontorson. Il devint, dès lors, l'expression sensible, vivante d'une politique dont le peuple ne voyait pas les ressorts. Il fut l'homme d'action, quand le roi était l'homme de conseil.

Le premier acte de Charles V fut d'attaquer Charles le Mauvais. Rappelons, en quelques mots, ce qu'était ce roi de Navarre. Charles le Mauvais, petit fils par sa mère, Jeanne de France, du roi Louis le Hutin, et gendre du roi Jean, avait reçu pour dot de sa femme Meulan et Mantes ; il élevait des prétentions sur la Champagne et la Brie. Ayant fait assassiner le connétable Lacerda, il fut arrêté par surprise et mis en prison ; on voit qu'alors un roi était enfermé au Châtelet de Paris ou au Château-Gaillard, tout aussi bien que le dernier homme du peuple. Il fut délivré pendant la captivité du roi Jean, et les Parisiens, méconnaissant leurs intérêts aussi bien que leurs devoirs, s'allièrent avec lui contre le dauphin. Charles le Mauvais en profita pour désoler les environs de Paris. Nous n'avons pas à rapporter ici sa conspiration avec Etienne Marcel.

Charles V, dès son avénement au trône, s'occupa de lui faire expier ses méfaits. Il envoya contre lui Boucicaut, qui lui enleva Mantes et Meulan, et du Guesclin qui le battit complétement. Cette victoire française eut lieu à Cocherel, près d'Evreux, le 16 mai 1364, et fut *la joyeuse étrenne de la noble royauté* du nouveau roi.

Les Navarrais étaient commandés par Jean de Grailly, captal de Buch, célèbre capitaine gascon, qui fut pris par un soldat breton. Du Guesclin eut pour récompense le comté de Longueville, ancien apanage du propre frère du roi de Navarre.

Cette guerre n'était pas encore terminée qu'on en vit finir une autre plus grave par ses conséquences. La guerre de la succession de Bretagne durait depuis vingt-deux ans ; elle attirait en France beaucoup de soldats anglais, entretenait des bandes d'aventuriers, excitait de grands désordres. On sait que deux seigneurs se disputaient la possession de cette province ; c'étaient Jean de Montfort, allié des Anglais, et Charles de Blois, soutenu par le roi de France. Montfort, assisté des Navarrais et des Anglais, assiégeait Auray, que défendait Charles de Blois, à qui l'on envoya du Guesclin avec mille lances. Avant d'engager les hostilités, on proposa un partage amiable entre les deux rivaux; la femme de Charles de Blois, Jeanne de Penthièvre, héritière légitime, fit échouer ces négociations. La bataille eut lieu le 29 septembre 1364. Le sort ne fut point favorable au parti français. Le prince de Galles avait envoyé ses meilleurs généraux à Jean de Montfort. Charles de Blois et la plupart de ses Bretons trouvèrent la mort sur le champ de bataille, et du Guesclin fut fait prisonnier.

Charles V subit les résultats de cette défaite qui mettait fin à une déplorable guerre de succession. Il envoya des médiateurs, le maréchal Boucicaut et l'archevêque de Reims pour traiter des conditions de la paix. La discussion de l'affaire se prolongea durant cinq mois. Enfin, le traité de Guérande reconnut duc de Bretagne Jean IV de Montfort, moyennant qu'il ferait hommage à la couronne de France, et qu'il abandonnerait le comté de Penthièvre et la vicomté de Limoges, avec une rente de dix mille livres, à la veuve de Charles de Blois,

En même temps, Charles V paya la rançon de du Guesclin, cent mille livres, près d'un million de notre monnaie, mais il lui retira en compensation le comté de Longueville, qu'il lui rendit plus tard. Ce traité est du 11 avril 1365.

Au même moment, un autre traité enlevait à Charles de Navarre les seigneuries de Mantes et de Meulan.

Après ces deux grands actes de pacification, le roi songea à assurer la paix intérieure de son royaume qui était perpétuellement troublée par ce qu'on nommait alors les Grandes Compagnies. C'est dans cette affaire que Bertrand du Guesclin déploya une habileté politique et des qualités de chef militaire qui lui ont valu une bonne partie de sa renommée.

Qu'était-ce donc que les *Grandes Compagnies?* C'étaient des bandes d'aventuriers et de brigands qui infestèrent la France, l'Italie et l'Espagne, aux XIIe et XIIIe siècles, et qu'on désignait des divers noms de Brabançons, Navarrais, Tard-Venus, Ecorcheurs, Routiers, Cottereaux, Malandrins, etc. Elles traitaient la France en pays conquis. Les historiens nous donnent sur leurs criminelles séditions, de curieux et tristes détails. Dans la Bretagne, les grandes compagnies entretenaient une guerre de partisans que de courtes trêves interrompaient à peine. Près de Paris, l'Anglais Griffith enlevait, pillait les châteaux jusqu'à Chartres et Orléans; son compatriote Robert Knolles parcourait la Normandie. Le français Regnault de Cervolles, qu'on avait surnommé l'*Archiprêtre*, promenait sa compagnie dans le Comtat Venaissin, la Provence et la Bourgogne. Le pape Innocent VI avait été obligé, pour l'éloigner des environs d'Avignon, de lui fournir une rançon de quarante mille écus, et s'était hâté ensuite de terminer les fortifications de cette ville, commencées par ses prédécesseurs.

L'effroi était tel à Paris, d'après un historien, que les bourgeois avaient offert à Notre-Dame une bougie qui, disait-on, avait la longueur du tour de la ville. On n'osait plus sonner dans les églises si ce n'est à l'heure du couvre-feu, de crainte que les habitants en sentinelle sur les murailles, n'entendissent pas venir l'ennemi. Combien la terreur n'était-elle pas plus grande dans les campagnes! Les paysans ne dormaient plus; ceux des bords de la Loire passaient les nuits dans les îles ou dans les bateaux arrêtés au milieu du fleuve. En Picardie les populations creusaient la terre et s'y réfugiaient. Le long de la Somme, de Péronne à l'embouchure, on comptait encore, au dernier siècle, trente de ces souterrains. Les familles s'y entassaient à l'approche de l'ennemi. Les femmes, les enfants, y pourrissaient des semaines, des mois, pendant que les hommes allaient timidement au clocher, voir si les gens de guerre s'éloignaient de la campagne.

Les grandes compagnies, après avoir mis deux fois le Pape à rançon dans sa ville d'Avignon, avaient gagné, en 1361, la bataille de Brignais, près de Lyon, sur Jacques de Bourbon qui y avait été tué; elles se trouvaient si bien en France, qu'elles appelaient ce pays leur *chambre*.

« Et toujours, dit Froissart, gagnoient pauvres brigands à piller villes et châteaux. Ils épioient une bonne ville ou châtel une journée ou deux loin, et puis s'assembloient et entroient dans cette ville droit sur le point du jour, et boutoient le feu en une maison ou deux; et ceux de la ville cuidoient que ce fussent mille armures de fer, si s'enfuyoient, et ces brigands brisoient maisons, coffres et écrins, et gagnèrent ainsi plusieurs châteaux et les revendirent. »

Du temps où Charles V n'était encore que régent, pendant la captivité de son père, il avait déjà songé à disperser cette agglomération de bandits qui mettaient à feu et à sang le beau royaume de France. Mais, n'ayant ni l'argent ni les troupes nécessaires pour leur faire une guerre systématique, il essaya d'organiser contre elles des résistances locales. Ainsi, il ordonna à l'évêque de Noyon d'assembler les milices de Picardie et de Normandie pour combattre la bande de Jean de Pecquigny. Mais celui-ci battit, à Mauconseil, l'évêque et ses milices, puis il livra les provinces à ses aventuriers qui mirent tout à rançon, paysans, bourgeois et nobles. Personne ne pouvait plus entrer dans les villes sans un sauf-conduit que les brigands faisaient chèrement payer. Les paysans renonçaient à cultiver la terre; les villes manquaient d'approvisionnements: « Etoit, s'écrie Froissart, le pays foulé et désolé de tous lez, on ne savoit auquel entendre. »

Quelquefois les paysans s'armaient et opposaient aux brigands une résistance désespérée. L'histoire a conservé les noms de deux paysans des environs de Compiègne, Guillaume Lalouette et le Grand Ferré, qui défirent héroïquement près de Creil un parti de Navarrais et d'Anglais. Ainsi le Grand Ferré, malade de la fièvre, se couche, la hache au pied du lit. Douze Anglais se présentent pour l'assassiner. Il saisit sa hache, en tue cinq et fait fuir les sept autres. Puis il boit de l'eau froide, et la fièvre, qui redouble, l'emporte. Les gens du village le pleurent, « car s'il eût vécu, les Anglais n'auraient jamais osé en approcher. »

Le roi avait bien pris les compagnies à sa solde ; il leur imposait un serment de fidélité, mais toutes ces mesures n'étaient que des palliatifs insuffisants, et, en présence des maux dont elles accablaient la France, il fallait absolument trouver un moyen de les en éloigner. Il fut d'abord question de les envoyer à la croisade contre les Sarrasins, croisade projetée autrefois par le roi défunt. Le roi de Chypre était déjà parti pour l'Egypte avec une armée et s'était emparé d'Alexandrie. On obtint donc de l'empereur Charles IV qu'il leur assurerait le passage libre par ses Etats et la Hongrie; il alla même plus loin et il leur offrit de les défrayer jusqu'en Syrie. Arnaud de Cervolles se mit à la tête d'un premier corps; arrivé en Alsace, il fut mal accueilli par les habitants qu'effrayait le mauvais renom des compagnies, et c'en fut assez pour empêcher l'exécution du premier plan de Charles V.

Sur ces entrefaites, une autre occasion se présenta d'utiliser ces bandes dangereuses. La Castille avait alors pour roi Pierre le Cruel, à qui l'on reprochait d'avoir fait périr sa femme, Blanche de Bourbon, sœur de la reine de France. Le comte de Transtamare, frère naturel de Pierre le Cruel, proposa à Charles V d'emmener avec lui les compagnies pour venger la mort de l'infortunée belle-sœur du roi ; Charles accepta, autant pour venger sa belle-sœur que pour s'assurer l'alliance de la Castille, et surtout parce qu'il voyait là un excellent moyen de purger son royaume des bandits qui l'infestaient.

Ce fut à cette occasion que Charles V, — et cela montre à quel point il tenait à renvoyer les grandes compagnies, — racheta Bertrand du Guesclin des mains de Chandos. Mais il refusa d'entreprendre la guerre en son nom pour ne pas paraître provoquer l'Angleterre ; il n'était pas prêt et il attendait son moment. Une armée se forma sous les ordres de Jean de Bourbon, comte de la Marche, qui devait commander nominalement, sous les conseils de du Guesclin. Cette armée se mit en marche pour Avignon, où du Guesclin eut l'habileté d'obtenir du pape Urbain V la levée de l'excommunication qui pesait sur les brigands, plus une somme de deux cent mille francs en or. Continuant sa route, il rallia de nouvelles troupes à Montpellier, franchit les Pyrénées, en plein hiver, et fit une entrée solennelle à Barcelone, le 1er janvier 1366.

Henri de Transtamare vint le rejoindre en Catalogne, et les gens de du Guesclin, ayant emporté d'assaut Calahorra, il y fut proclamé roi, le 16 mars. Ils prirent ensuite Burgos d'où s'était enfui Pierre le Cruel qui se réfugia à Lisbonne, après de vaines tentatives pour soulever l'Andalousie en sa faveur, et s'embarqua pour Bayonne où se trouvait le prince Noir héritier du trône d'Angleterre, dont il sollicita l'appui. Henri de Transtamare acheta la soumission des places et des forteresses de la Castille qui n'étaient point rendues encore, se fît couronner à Burgos, créa du Guesclin comte de Transtamare et connétable de la Castille et distribua le trésor du royaume aux grandes compagnies. Jean de Bourbon dut ramener en France une partie de ces aventuriers devenus inutiles, et beaucoup d'entre eux passèrent au service du prince Noir, qui entreprit de rétablir sur le trône Pierre le Cruel, en se faisant céder, pour prix de son alliance les ports de la Biscaye que convoitaient les Anglais.

Il partit donc avec une armée forte de vingt sept mille hommes, traversa la Navarre dont le roi Charles le Mauvais lui livra passage et rencontra l'armée d'Henri de Transtamare et de du Guesclin, sur les bords de l'Ebre, entre Najiera et Navarette. Là fut livrée une grande bataille, le 3 avril 1367. Le sort fut contraire aux partisans d'Henri, qui, voyant la bataille perdue, se retira, tandis que du Guesclin, qui continua de combattre à la tête d'une poignée de Français, fut fait prisonnier pour la seconde fois et amené à Chandos, lieutenant du prince de Galles. La Castille revint à Pierre le Cruel, mais il ne la garda pas longtemps, car l'année suivante la nation se souleva contre lui, son frère Henri et du Guesclin, délivré après avoir payé une nouvelle rançon de cent mille livres, rassemblèrent leurs forces, lui livrèrent bataille près de Montiel, le vainquirent, et le malheureux prince périt en essayant de s'échapper.

Le prince Noir était revenu en Guyenne, ramenant les débris de son armée, décimée et ruinée par les maladies. Il avait épuisé son trésor pour faire cette guerre, et ne pouvait plus soutenir les grandes compagnies. Pour satisfaire ces aventuriers, il les lâcha sur les provinces françaises où elles recommencèrent leurs brigandages.

Charles V fut assez habile pour patienter, et il continua à préparer sa rupture avec le roi d'Angleterre, afin de se débarrasser du traité de Brétigny si onéreux. Il multiplia les ordonnances et règlements militaires, mit tous ses efforts à réorganiser et discipliner son armée, et à la renforcer :

« Il attira à soi, dit Christine de Pisan, vaillans capitaines dont finer put, estranges et privés, donna de beaux dons, les reçut joyeusement et moult honora, fit pourvéance de riches armures, beaux destrois d'Allemagne, de Pouille, coursiers, haubergeons, à Paris faire toutes pièces de harnois, et de tout ce donna largement aux compagnons d'armes, aux riches gentilshommes les choses belles et jolies, aux pauvres les profitables et fortes. »

Il signa des arrangements avec divers seigneurs et plusieurs communes du Midi, pour les rattacher à sa cause ; il gagna plusieurs des plus puissants vassaux du prince Noir en Aquitaine, notamment le sire d'Albret, et se créa des alliances en Bretagne et en Guyenne ; si bien que, lorsque le fils du roi d'Angleterre revint d'Espagne, tout était prêt pour ce que nous appellerons, avec les historiens, une réaction nationale. Le prince Noir voulut édicter de nouveaux impôts, et les habitants des provinces cédées aux Anglais par le traité de Brétigny commencèrent à se soulever contre ces exigences. Dès le 14 septembre 1368, la ville de Rodez chassa les Anglais et plusieurs autres places suivirent cet exemple. Au mois de janvier de l'année suivante, Charles V envoya au prince de Galles à Bordeaux un clerc et un chevalier qui lui remirent une citation à comparaître en personne et sans délai devant la chambre des pairs pour répondre aux plaintes formulées contre lui par ses sujets de Gascogne. Le prince répondit :

« Nous irons volontiers à notre ajour à Paris, puisque mandé nous est du roi de France, mais ce sera le bassinet (*casque*) en la tête et soixante mille hommes en notre compagnie. »

Admettre l'appel de la noblesse de Gascogne contre le gouvernement anglais, c'était provoquer la guerre. On fut étonné de ce qu'un roi qui se prétendait pacifique osât jeter le gant. Charles attendit encore trois mois. Le prince de Galles ne vint pas à Paris, mais le roi d'Angleterre Edouard III reprit le titre de roi de France. Charles lui envoya un valet de cuisine lui dénoncer la guerre; puis, sans perdre du temps, il fit attaquer Abbeville et envahir le comté de Ponthieu. Au mois de mai, il envoya dans les provinces anglaises de l'ouest et du midi deux armées sous les ordres de ses frères, les ducs de Berry et d'Anjou. Le peuple se montra favorable à cette entreprise. Les Etats généraux votèrent des subsides, le roi lui-même envoya sa vaisselle d'argent à la monnaie. Le Pape et l'Empereur se prononcèrent en sa faveur, ainsi que le nouveau roi de Castille, Henri de Transtamare qui lui prêta bientôt le secours de sa marine. Pendant ce temps le roi s'assurait par des traités la neutralité du Hainaut, du Brabant et de la Flandre, négociait le mariage de son plus jeune frère le duc de Bourgogne avec la fille du comte de Flandre, mariage qu'Edouard III réservait à l'un de ses fils.

Du Guesclin joua un très-grand rôle dans cette campagne. Il fut le conseil des ducs de Berry et d'Anjou. « L'ancien général de fortune était devenu un tacticien distingué. Il entreprit systématiquement l'attaque des châteaux, qu'il enleva et démolit les uns après les autres, par la supériorité de ses machines et l'emploi des canons de siége. La marche victorieuse et le prestige de ses succès d'Espagne grossis encore par la renommée achevèrent de soulever contre les Anglais les pays qu'il traversa. Au cri de Notre-Dame Guesclin ! l'Agénois, l'Armagnac, le Rouergue, le Limousin, relevèrent le drapeau français. Limoges, une des places les plus fortes que possédait le prince de Galles, ouvrit ses portes à la persuasion de son évêque. »

D'ailleurs le clergé français, en cette circonstance comme toujours, se montra zélé patriote. Les évêques d'Aquitaine lui ouvrirent l'accès de leurs diocèses.

Charles V, suivant l'admirable ligne politique qu'il s'était tracée, accordait des augmentations et des confirmations de priviléges à toutes les villes qui se rendaient à lui, et, comme le dit Michelet, on peut suivre le progrès de sa conquête de charte en charte. Cependant le prince de Galles, en concentrant toutes ses forces, put reprendre Limoges et il se vengea de la défection de ses habitants par un horrible massacre ; il y eut plus de trois mille victimes. Un cri d'horreur retentit dans toute la France, et le vainqueur, sans pouvoir jouir de son atroce victoire, languissant, épuisé, s'en alla mourir dans sa brumeuse patrie, à la fleur de l'âge.

Une armée anglaise conduite par Robert Knolles entrait en Picardie. Le roi nomma du Guesclin connétable « pour (être) le plus vaillant, mieux taillé et idoine (capable) de ce faire, et le plus vertueux et fortuné en ses besognes. » Le simple chevalier breton, investi de cette première dignité du royaume, mangea à la table du roi, distinction faite pour étonner, quand on voit dans un chroniqueur contemporain, que le cérémonial de France était que le roi fût servi à table par ses frères. A peine en possession de cette grande dignité, Bertrand du Guesclin se mit à la poursuite de Robert Knolles qui venait de parcourir la Picardie, le Vermandois, la Champagne et l'Ile de France. Il le surprit à Pontvalain, dans le Maine, et tailla ses troupes en pièces.

En 1372, la guerre durant depuis deux ans, le duc de Berry et du Guesclin entrèrent en Aquitaine par le Poitou, enlevèrent rapidement plusieurs places, se présentèrent devant Poitiers qui leur ouvrit ses portes, battirent les Anglais à Soubise, firent prisonnier le Captal de Buch, lieutenant du prince de Galles, prirent Saint-Jean d'Angély, Angoulême, Taillebourg, Saintes, La Rochelle, de telle sorte que le Poitou en entier retourna à la couronne de France.

Du Guesclin ouvrit une nouvelle campagne en

1373, et porta la guerre en Bretagne où le duc Jean de Montfort avait attiré des troupes anglaises. Le connétable entra dans toutes les places et châteaux bretons, et Jean de Montfort fut obligé de s'enfuir chez ses alliés de l'autre côté de la Manche.

Les Anglais, qui ne voulaient pas si facilement renoncer à leurs possessions en France, résoluren de faire une nouvelle tentative en suivant la route déjà prise en 1359 par Edouard III, et en 1370, par Robert Knolles. Le fils du roi, le duc de Lancastre, qui se parait des titres de lieutenant général en Guyenne, roi de Castille et de Léon, comme héritier de Pierre le Cruel, partit de Calais avec trente mille hommes, traversa la Picardie et la Champagne, et attendit, près de Troyes, le connétable du Guesclin, qui évita toute grande bataille, mais détruisit les Anglais en détail, les poursuivant à travers la Bourgogne, l'Auvergne, et le Limousin. En 1374, le duc d'Anjou et du Guesclin occupèrent les dernières places de la Garonne et de la Dordogne, et l'année suivante le vieux roi Edouard III ne conservait plus sur le continent que Bordeaux, Calais, Bayonne, et quelques châteaux ou places sans importance. Après quelques années de lutte, Charles V, aidé du bon connétable leur avait donc repris sept provinces.

Une trêve fut conclue (1375) grâce à l'intervention des légats du Pape. Elle se prolongea quelques temps ; l'Anglais n'était plus à même de continuer la campagne ni de réparer ses désastres. Le vieux roi Edouard, après un règne de cinquante ans, suivit son fils le prince Noir au tombeau, laissant le trône à un enfant de treize ans qui fut Richard II. Charles V triomphait; la France se relevait aux yeux du monde. Le soudan de Bagdad envoyait une ambassade au « solennel prince des chrétiens, » l'empereur Charles IV et le roi des Romains le venaient visiter.

Cependant, comme les Anglais ne voulaient pas rendre Calais et que le roi de France entendait ne signer la paix définitive qu'à ce prix, les hostilités recommencèrent en 1377. L'amiral Jean de Vienne alla piller les côtes méridionales de l'Angleterre; le duc de Bourgogne entra en Picardie, le duc d'Anjou et du Guesclin ravagèrent la Guyenne ; le roi de Navarre fut dépouillé de ses châteaux et de ses fiefs en Normandie pour le punir de ses trahisons continuelles. Douze mille Anglais étant descendus sur les côtes de Bretagne pour enlever Brest, du Guesclin accourut au secours de la ville et empêcha l'Anglais de s'en rendre maître. Puis Charles V, pour se venger de la politique peu franche du duc de Bretagne, Jean IV de Montfort, le cita à comparaître devant le parlement de Paris qui le déclara coupable de trahison et de lèse-majesté, confisqua son duché avec le comté de Montfort et les réunit à la couronne.

Du Guesclin, à qui il répugnait de combattre en Bretagne, sa patrie, fut envoyé dans le midi, et mit le siége devant Châteauneuf-Randon dans les Cévennes. Le capitaine qui commandait cette place avait promis de la rendre dans un délai déterminé, mais le bon connétable, ayant pris les fièvres, mourut le 13 juillet 1380.

« Donc approucha messire Bertrand de sa fin, et bien le congneust. Pour ce, manda que l'on luy apportast l'espée royalle (l'épée de connétable toute fleurdelysée), laquelle luy fust apportée. Et en sa main la priut et puis dist, par devant tous ces parolles : Seigneurs, entre qui jay eu honneur des mondaines vaillances, dont pou suis digne, payer me fault le truaige de la mort, que nul n'espargne. Premièrement vous prie que envers Dieu veuille avoir pour recommander mon âme. Et vous Loyz de Sancerre, qui de France estes mareschal, plus grant honneur avey bien deservi, vous recommande mon âme, ma femme et tout mon parenté. Au roy Charles de France, mon souverain seigneur, me recommanderés, et ceste espée, soulz qui est le gouvernement de France, de par moy luy rendrés : car en main de plus loyal ne la puis mestre en garde. Et après celle parole fist le signe de la croix sur luy. Et ainsi trespassa de ce siècle le vaillant messire Bertrand du Guesclin, qui tant valut en ces jours, dont par le reynom de sa loyauté est nommé le Xe preux. Et pour sa mort menèrent grand deuil la chevalerie de France et d'Angleterre. Et jaçoit ce que aux Anglois il fût contraire, si l'aimoient-ils pour sa loyaulté et droicture et pour ce que amiablement et sans dure prison et rançons les traitoit et gouvernoit quand il les avoit. »

Le capitaine de Châteauneuf-Randon apporta les clefs de la ville sur le cercueil du bon connétable, tenant ainsi la parole qu'il avait donnée de rendre la place à un jour dit. Ce fut le maréchal Louis de Sancerre qui mit garnison dans Châteauneuf.

On pleura partout en France la mort de celui qu'on appelait *la fleur des preux et la gloire de la France*. Il fut enseveli, avec somptueuses funérailles, dans l'abbaye royale de Saint-Denis, à côté des rois et des princes du sang de saint Louis.

Charles V ne survécut que deux mois à son fidèle compagnon. Il mourut, laissant le trône à un tout jeune enfant, celui qui devait être Charles VI. Il avait fait beaucoup, si l'on considère qu'il perdit la vie à quarante-quatre ans, et longtemps avant d'avoir achevé d'exécuter le plan immense qu'il s'était tracé. Pourtant il laissait, grâce à du Guesclin, le royaume à peu près pacifié, les finances en bon état, puisqu'il possédait dix-neuf millions, somme énorme pour l'époque, cachés au donjon de Vincennes.

Le caractère de ce roi est très-beau; il fut patient et presque impassible dans l'adversité, actif, sévère. Le signe distinctif de sa grandeur est d'avoir eu l'habileté qui sait ce qu'elle veut, et obtient les succès qu'elle prépare. Il vivait modestement, sans faste, accessible au premier venu, travaillant sans cesse à améliorer la condition de son royaume. Sous son règne, la France eut une flotte formidable sur l'Océan. Les lettres trouvèrent en lui un protecteur zélé. Il rassembla neuf cents volumes, collection extrêmement précieuse pour ce temps où les livres manuscrits se vendaient au poids de l'or. Ce fut lui qui créa la Cour des comptes pour surveiller l'emploi des deniers publics.

La piété de Charles V était solide et ne se démentit jamais. Aucune des pratiques de la religion ne le trouvait indifférent. Il jeûnait un jour de chaque semaine ; ses aumônes étaient abondantes, il les distribuait souvent lui-même, et, par respect, il baisait la main aux pauvres. Un jour qu'on lui parlait avec attendrissement du bonheur de son règne, il répondit :

« Savez-vous pourquoi je suis heureux? C'est parce que j'ai le pouvoir de faire du bien. »

Tel fut ce roi qui a mérité le surnom de sage et qui est un des plus grands que les institutions monarchiques aient donnés à la France.

Il eut, comme nous l'avons vu, en Bertrand du Guesclin, un précieux collaborateur, un de ces amis que Dieu donne quelquefois aux princes pour les éclairer et même pour les diriger. Du Guesclin est une des plus grandes figures de son époque, un des hommes les plus illustres que la France ait produits. Il se distingua non-seulement par son génie militaire, mais encore par sa science des affaires. Il fut un capitaine du plus haut mérite, et un politique de la plus profonde habileté. De petite noblesse, car il y avait alors mille familles nobles qui primaient la sienne, il devint le premier du royaume après le roi, ce qui prouve d'abord que celui-ci savait reconnaître la valeur des hommes, et ensuite combien est absurde l'assertion des ennemis de la monarchie qui prétendent que les rois ne donnaient les hauts emplois qu'aux gens ayant pour unique mérite leur naissance.

Du Guesclin était un chrétien sincère, un homme pieux, on sait comment il est mort. Il était plein de sentiments d'humilité, et disait :

« En temps de guerre, les gens d'Église, les femmes, les enfants et le pauvre peuple ne sont pas des ennemis. »

En retraçant, dans ce rapide aperçu, son histoire, nous avons voulu montrer quel travail considérable il fallait aux rois pour préparer et mener à bonne fin l'unité du royaume, chasser l'étranger, constituer enfin ce monument qu'on nomme la nation française.

On ne saurait mieux terminer la biographie de du Guesclin et compléter la physionomie de son époque, qu'en retraçant rapidement la vie de deux de ses contemporains, Olivier de Clisson, qui lui succéda comme connétable de France, et l'illustre amiral Jean de Vienne, et en rappelant un événement qui, s'il n'eut pas grande influence, eut un retentissement énorme, et fait connaître les mœurs de l'époque ; nous voulons parler du fameux combat des Trente, qui s'est livré en 1351 dans les landes de Ploermel entre trente chevaliers bretons du parti français et trente chevaliers du parti anglais.

OLIVIER DE CLISSON.

Olivier de Clisson était Breton, comme son compagnon d'armes Bertrand du Guesclin et comme beaucoup de capitaines illustres au service de

Charles V ; la Bretagne était alors une véritable pépinière de vaillants chevaliers, et l'habile roi de France avait su s'assurer les services de la plupart. Clisson appartenait à une grande famille bretonne, éteinte avec lui.

La date de la naissance d'Olivier de Clisson est contestée : et, parmi les historiens, les uns le font naître en 1332, les autres en 1337, au château de Clisson, domaine principal de sa famille. Les Clisson appartenaient au parti breton dévoué à la France, et le grand père d'Olivier fut tué en combattant dans les rangs de l'armée de Charles de Blois à La Roche-Derrien, dans cette bataille à la suite de laquelle les deux partis furent privés de leurs chef, Jean de Montfort étant mort, et Charles de Blois prisonnier ; mais leurs femmes Jeanne de Montfort et Jeanne de Panthièvre, deux héroïnes, continuèrent la lutte.

Le passé de sa famille devait faire d'Olivier de Clisson un des plus fermes soutiens du comte Charles de Blois, lorsqu'un drame sanglant le jeta dans le parti anglais. En 1343, alors qu'il était enfant, son père qui s'appelait comme lui Olivier de Clisson, et onze autres gentilshommes bretons, furent arrêtés brusquement, accusés d'avoir formé un complot dont le but était de livrer à Jean de Montfort et aux Anglais l'importante ville de Nantes, condamnés et exécutés. Etaient-ils coupables? N'avaient-ils commis que des imprudences qui les compromettaient? Succombaient-ils sous des accusations calomnieuses ? Les trois opinions ont été soutenues, et des documents incomplets ne permettent guère de trancher la question avec une certitude absolue.

Quoi qu'il en soit, le jenne Olivier fut immédiatement emmené en Angleterre, où il fut élevé avec le fils du comte de Montfort, plus tard le duc Jean V de Bretagne, dont il devint l'inséparable compagnon; plus tard, à cette amitié, succéda une inimitié des plus violentes qui finit par une tardive réconciliation. Ni le duc Jean, ni surtout Clisson ne savaient aimer et détester à demi. Le jeune gentilhomme breton, ainsi élevé dans un milieu tout anglais, où on avait soin de lui rappeler la mort de son père, ne pouvait que haïr la France, d'autant plus violemment que, chez lui, comme nous venons de le dire, les affections et les haines étaient ardentes. Son amitié avec les gentilshommes anglais, dont il fut d'abord le compagnon de jeux, puis le compagnon d'armes, n'était pas de nature à diminuer cette haine.

Dès qu'il eut atteint l'âge d'homme, Olivier de Clisson prit rang dans les troupes du comte de Montfort ou plutôt de la comtesse Jeanne sa femme, qui le suppléait vaillamment. Il s'y fut bientôt fait une grande réputation de valeur et de cruauté, car la grande différence entre Clisson et du Guesclin, aussi vaillants et habiles, l'un que l'autre, c'est que le second était humain et généreux, tandis que la rigueur du premier lui valut de ses contemporains le surnom expressif de *boucher*. Dans la victoire d'Auray, qui décida du sort du duché de Bretagne et assura le triomphe du duc Jean de Montfort, la part de Clisson fut des plus brillantes;

aucun capitaine anglais, pas même l'illustre Jean Chandos, ne contribua plus que lui au succès; il y fut blessé et y perdit un œil.

Ce fut justement ces services qui amenèrent Olivier de Clisson sous le drapeau français, alors qu'ils auraient dû resserrer ses liens avec les Anglais. Le fier capitaine, qui connaissait sa valeur, demanda au duc Jean, en récompense de ses services, un château, que celui-ci lui refusa pour le donner au meilleur des capitaines anglais, Jean Chandos. Ce refus indigna Olivier de Clisson, et, comme il n'était pas homme à supporter patiemment ce qu'il considérait comme une offense, il résolut de se venger. Les idées du temps permettaient aux gentilshommes de guerroyer pour venger leurs injures particulières; Clisson, après avoir prévenu Chandos, de la guerre qu'il se préparait à lui faire, avis auquel celui-ci, fort du double appui de l'Angleterre et du duc Jean, ne crut pas devoir prêter grande attention, enleva d'assaut le château qu'on lui avait refusé et le détruisit de fond en comble. C'était audacieux, surtout dans un moment où le duc Jean, que Charles V n'avait pas encore accepté comme duc de Bretagne, était complétement à la merci de ses exigeants alliés les Anglais. Peut-être, livré à lui-même, le duc, qui ne pouvait oublier sa vieille amitié pour Clisson, ne se serait-il pas mêlé de l'affaire; mais, pour donner satisfaction aux Anglais, il dut se prononcer contre son ancien ami, et de là data entre eux une longue inimitié sur laquelle nous aurons à revenir.

Quels que fussent son haut rang dans la noblesse

bretonne, la considération que lui avait acquise sa valeur et sa puissance, Clisson n'aurait pas pu tenir tête aux Anglais et au duc Jean unis contre lui, et il dut quitter la Bretagne. Il avait, du reste, trouvé un puissant appui dans le roi de France. Charles V, si habile dans la connaissance et le choix des hommes, ne pouvait laisser échapper l'occasion de gagner un auxiliaire comme Clisson. Dès que les démêlés de celui-ci avec les Anglais commencèrent, il lui fit faire des propositions très-honorables ; le supplice du père d'Olivier Clisson était antérieur à l'avénement de Charles qui n'en était pas responsable. Un accord se fit grâce surtout à Bertrand du Guesclin, désireux de donner à son maître un soldat aussi vaillant que Clisson, et celui-ci, jadis l'implacable ennemi des Français, devint l'un des meilleurs capitaines de l'armée française et le fléau des Anglais sur lesquels il avait reporté sa haine.

Nous ne suivrons pas Clisson dans ses nombreuses expéditions, il faudrait pour cela refaire le récit des campagnes de du Guesclin contre les Anglais, car presque partout il avait avec lui son compagnon d'armes, qui eut notamment une grande part à la destruction de l'armée de sir Robert Knolles à Pontarlaire. Plus d'une fois les Anglais recherchèrent leur ancien auxiliaire et lui firent des avances qui furent dédaignées.

Du Guesclin mourant, désigna au roi pour lui succéder Clisson et, à son défaut, le maréchal de Sancerre. Charles V s'empressa de remettre l'épée de connétable à Clisson qui en était digne par sa valeur, et qui devint un des conseillers écoutés du prince. Mais le roi ne survécut que peu à du Guesclin, et sous la régence des oncles du roi, Clisson fut tenu à l'écart comme tous les autres ministres. Volontiers même, ils lui eussent redemandé, s'ils l'avaient osé, l'épéc de connétable, comme ils le firent plus tard. Lorsque Charles VI, devenu majeur et débarrassé du plus ambitieux de ses oncles, le duc d'Anjou, prit en mains le gouvernement, il rappela les ministres de son père, et notamment le connétable qui eut une influence prépondérante. Il aurait été bien désirable qu'il le gardât, car il avait de grandes qualités, et aurait continué la politique de Charles V. Pendant la minorité du jeune roi, il avait commandé l'avant-garde, suivant le privilége de sa charge, à la bataille de Rosebecque, contre les Flamands qui furent écrasés, et au retour, les Parisiens à demi révoltés qui sympathisaient ouvertement avec les vaincus dont ils espéraient la victoire, furent rappelés au devoir.

L'un des premiers actes de Charles VI majeur, ou plutôt de ses ministres, fut de préparer une descente en Angleterre; on voulait rendre aux Anglais avec usure ce qu'ils avaient fait souffrir à la France. Deux choses firent manquer l'expédition, le retard voulu du duc de Bourgogne, opposé à l'expédition, et l'arrestation de Clisson par le duc de Bretagne, qui l'attira à son château et le fit prisonnier par trahison; il avait même ordonné de l'assassiner, mais le gentilhomme chargé d'exécuter l'ordre s'y refusa, et le lendemain, le duc se borna à extorquer de son prisonnier une forte rançon, et quelques-uns de ses plus forts châteaux. Le duc de Bretagne méritait une double punition pour sa mauvaise foi, et pour avoir arrêté un connétable de France chargé d'une expédition; il fut couvert par les oncles du roi. Cinq ans après, le sire de Creuse, avec plusieurs hommes, attaqua le connétable dans une rue de Paris, et le laissa pour mort, percé de vingt blessures. Clisson guérit, et une expédition fut dirigée contre le duc de Bretagne qui, disait-on, avait donné asile à l'assassin. C'est alors que se passa la triste scène de la forêt du Mans, cause de la démence de Charles VI. Les oncles du roi reprirent le pouvoir; les ministres de Charles V furent de nouveau renvoyés, et Clisson dut se retirer dans ses domaines; on lui fit redemander l'épée de connétable, qu'il refusa avec raison de rendre, et, passant outre, on lui nomma un successeur.

Les dernières années de Clisson furent marquées par son raccommodement avec son ancien compagnon d'enfance, Jean V de Bretagne. Celui-ci, se voyant sur le point de mourir, voulut assurer à ses enfants l'appui de Clisson, dont la fille avait épousé l'héritier des droits des Penthièvre; il lui fit demander une entrevue, que Clisson accepta, mais en réclamant des garanties; son aventure de 1367 devait le rendre défiant. Le duc Jean, pour toute réponse, vint lui-même trouver Clisson, se livrant ainsi à sa discrétion; il connaissait son ancien ami, qui, touché de cette marque de confiance, lui promet de protéger ses enfants. Il tint parole, et sa fille ayant essayé d'insinuer qu'il devait profiter de sa situation pour rétablir ses petits-enfants dans leurs droits, auxquels les Penthièvre avaient renoncé par le traité de Guérande, Clisson, indigné, la poursuivit avec tant de violence, qu'elle s'enfuit et fit une chute dans laquelle elle se cassa la jambe.

Le connétable Olivier de Clisson mourut en 1407; s'il n'a pas les qualités sympathiques de Bertrand du Guesclin, sa générosité, son désintéressement; si, comme nous l'avons dit, il reçut le surnom de boucher, ce n'était pas moins un vaillant soldat, un habile capitaine qui a eu une grande part dans l'œuvre de délivrance entreprise par Charles V, et qui aurait été menée à bonne fin, s'il était resté le conseiller de Charles VI. De plus, sa rude écorce ne l'empêchait pas d'être loyal. Il mérite donc d'être connu.

L'AMIRAL JEAN DE VIENNE.

Nous serons plus bref sur Jean de Vienne, dont on ne peut raconter les exploits sans refaire l'histoire de la guerre contre les Anglais; mais nous voulons au moins rappeler rapidement le souvenir, trop oublié, de ce vaillant homme de guerre.

Jean de Vienne appartenait à une noble famille bourguignonne, qui a versé son sang sur tous les champs de bataille de cette époque. On crie beaucoup contre la noblesse dont on ne veut voir que les priviléges; on oublie que ces priviléges entraînaient l'obligation de servir la France, et que la noblesse française, à toutes les époques de notre histoire, fut prodigue de son sang. C'est dans la défense de Calais, en 1347, que Jean de Vienne se distingua pour la première fois; il fut, on peut le dire, l'âme de cette défense, qui dura dix mois et qui, pendant ce long espace de temps, retint l'armée anglaise, et annula, pour ainsi dire, la victoire de Crécy. N'étant pas secouru et réduit à la dernière extrémité, Jean de Vienne dut rendre la ville, qui échappa aux vengeances du roi grâce au dévouement d'Eustache de Saint-Pierre et de ses compagnons.

Jean de Vienne prit part à tous les combats qui eurent lieu sous le règne de Jean II, et, à l'avénement de Charles V, qui savait choisir ses hommes, il fut nommé amiral de France. Ce titre ne l'empêcha pas de continuer à combattre sur terre et de se distinguer dans toutes les expéditions auxquelles il prit part avec du Guesclin et Clisson.

L'amiral Jean de Vienne devait commander la flotte dans l'expédition contre l'Angleterre, que firent échouer l'arrestation du connétable de Clisson et la mauvaise volonté du duc de Bourgogne; n'ayant pas de troupes de débarquement, il ne voulut pas rester inactif, et fit plusieurs descentes sur les côtes d'Angleterre, qu'il ravagea, portant la terreur partout; l'île de Wight fut momentanément occupée par lui. Ces expéditions laissèrent de grands souvenirs chez les populations riveraines, et le nom seul de l'amiral Jean de Vienne resta un épouvantail.

Le vieux soldat devait tomber sur un champ de bataille. Le roi Sigismond de Hongrie, menacé par Bajazet, avait fait demander des secours à toute l'Europe chrétienne. Son appel désespéré ne fut guère entendu qu'en France. Nombre de seigneurs se croisèrent pour combattre contre les infidèles; parmi eux étaient le duc de Nevers, Jean sans Peur. A la sollicitation du duc de Bourgogne, l'amiral partit pour remplir auprès du jeune prince une espèce de tutelle; il le faisait d'autant plus volontiers que le repos lui pesait et que l'espoir d'une revanche contre les Anglais était perdu. On sait les résultats de cette neuvième croisade. Les croisés français, réunis aux troupes de Sigismond de Hongrie, se trouvèrent en présence des Ottomans, dans les plaines de Nicopolis. Les gens sages, parmi lesquels l'amiral, étaient d'avis d'éviter la bataille et d'attendre un moment plus opportun; le roi Sigismond ne répondait pas de ses soldats. Ces conseils de la prudence furent dédaignés. Ce que l'on avait craint arriva, les fantassins de Sigismond lâchèrent pied, laissant les croisés seuls en face de la nombreuse armée de Bajazet; ils étaient trop peu nombreux, et, malgré des prodiges de valeur, ils succombèrent. L'amiral de Vienne, qui portait la bannière de France et qui, à défaut de connétable, commandait l'avant-garde, tomba frappé à mort, après avoir vendu chèrement sa vie. La plupart des chevaliers français furent également tués, mais leur courage fit impression sur Bajazet et sur ses généreux habitués à d'autres adversaires.

Si, après la victoire de Nicopolis, Bajazet, poursuivant ses succès, avait enlevé Constantinople et attaqué l'Europe occidentale, les dangers auraient été grands. Mais il dut se porter en Asie où le menaçait Timour (Tamerlan); il fut vaincu et pris à Ancyre. C'était, pour l'Europe, un répit de soixante ans qui fut mis à profit. Lorsque Constantinople tomba aux mains des Turcs, par la faute des Grecs, la résistance était organisée, et les efforts des Musulmans se brisèrent contre les obstacles qui leur étaient opposés.

Sur les événements, ce combat n'a eu aucune influence, mais c'est une page curieuse de l'histoire de cette époque; on peut dire que c'est une véritable épopée chevaleresque.

Les Anglais, partisans du comte de Montfort, maltraitaient fort les populations bretonnes; ils pressuraient les futurs sujets de leur allié. Un seigneur breton du parti de Charles de Blois, Jean de Beaumanoir, châtelain de Josselin et maréchal de Bretagne, indigné de ces violences, qui se commettaient en pleine trêve, en fit des reproches très-vifs à un capitaine anglais, du nom de Bramborough, que les vieilles chroniques appellent Bembro ou Bambro; celui-ci reçut avec hauteur les reproches de Beaumanoir, qui lui proposa un combat de trente chevaliers bretons contre trente chevaliers anglais. Ce défi était trop dans les mœurs du temps pour ne pas être accepté.

La rencontre eut lieu dans les landes de Ploermel; Beaumanoir avait promptement trouvé ses trente combattants; il en avait même trouvé trop et avait dû en écarter un grand nombre. Bembro n'avait pas eu les mêmes facilités; il ne put même pas réunir trente Anglais, et sa troupe se composait de vingt Anglais, Gallois ou Irlandais, de Bretons du parti de Montfort et six Flamands ou Allemands.

La lutte fut vive et la victoire chaudement disputée, les Bretons furent victorieux; Bembro avait été tué, Beaumanoir blessé, comme du reste presque tous les combattants; les Anglais survivants se rendirent. Dans la mêlée, Beaumanoir blessé et épuisé, s'écria : « J'ai soif. — Bois ton sang, Beaumanoir, » lui répondit un des bretons, et cette parole devint la devise des Beaumanoir et retentit sur de nombreux champs de bataille.

Cette victoire eut un grand retentissement, et si elle fut stérile comme résultat, elle porta très-haut le renom de la chevalerie bretonne.

La présente brochure est vendue avec les remises suivantes :

100 exemplaires : **8** fr. ; *franco*, **10** francs.

1000 — **65** fr., *le port en sus.*

On peut, tout en jouissant de ces avantages, assortir les titres.

Il paraîtra successivement sur *l'Histoire de France*, de 35 à 40 brochures du même format que le présent opuscule. Chaque livraison pourra se vendre indépendamment des autres ; le titre indiquera le point capital autour duquel l'auteur groupera les faits saillants d'une époque. La rédaction en sera confiée à des écrivains exercés, et des illustrations augmenteront le charme de ces opuscules imprimés avec soin.

Nous espérons que chacun contribuera, dans la mesure de ses moyens, à la diffusion de ces traités qui feront aimer notre pays en montrant dans leur vrai jour tous les faits du passé.

BROCHURES PARUES

Clovis et la fondation de la monarchie française, par F. RENARD.

Hugues Capet et l'avénement de la 3me dynastie française, par LE MÊME.

Simon de Montfort à la croisade des Albigeois, par Antonin DU VELAY.

Jeanne d'Arc et la guerre de cent ans, par A. RASTOUL.

Louis XI et l'unité française, par Charles BUET.

Richelieu et le siége de La Rochelle, par F. NETTEMENT.

A LA MÊME LIBRAIRIE

NATIONS CATHOLIQUES & NATIONS PROTESTANTES

PAR F. P.

Franco : **50** c.; 10 exempl. franco : **4** fr.

LES SOLIDAIRES

Dialogue sur les Enterrements civils

PAR JEAN GRANGE

Nouvelle édition

Franco : **30** c.; 10 exempl. franco **2** fr. **50**

Saint-Quentin. — Imp. JULES MOUREAU.

www.ingramcontent.com/pod-product-compliance
Ingram Content Group UK Ltd.
Pitfield, Milton Keynes, MK11 3LW, UK
UKHW020359250726
13967UKWH00005B/2368